너에게 들려주고픈 이야기

심인고 'Piece Maker_3 (cool piece)'

차 례 CONTENTS

II. 너에게 알려주고픈 그 곳

처음 지도 선생님께 내용 구성에 대한 설명을 들었을 땐 의아함이 앞섰습니다. 동생에게 역사를 이야기해주는 전개가 다소 유치하게 느껴졌고, 결과물 또한 그렇게 될 것 같았기 때문입니다. 하지만 글이 진행될수록, 작중 '오빠'의 목소리에 귀를 기울일 수록 저도 모르게 '영주'에 동화되어 권기옥 여사를, 이인 선생을 만나게 되었고, 가벼운 진행 방식이 가진 흡입력에 적잖이 놀랐습니다.

이번 책 쓰기 활동은 저를 반성으로 이끌었습니다. 짧은 에피소드 한 편을 검수하는 데에도 적지 않은 시간이 드는데 독립운동을 위한 준비와 실행에는 얼마나 많은 힘이 들 지 가늠조차 되지 않았습니다. 이 책에서 소개한 분들 중 어느 한 분의 업적도 전부 외우기가 힘이 들 정도로 그 내용이 많습니다. 읽는 중 또는 읽은 후에라도 세부적인 사항까지는 아니더라도 이 분들의 성함과 얼굴 정도는 기억해주셨으면 좋겠습니다. 사람은 누가 되었든 직접 만나보아야만 비로소 알게 된다는 말이 있지요. 답사를 다니다 보니 기억은 공간이 주는 그것의 단서들을 온몸으로 받다 보면 눈이 녹고 봄이 오듯 당연한 순서로 이루어지는 것임을 알게 되었습니다. 한 번의 방문만으로도 많은 성과가 따르기에 독자 여러분들께서도 이를 실천해보심이 어떠실지 제안 드려 봅니다.

신기성 학생 저자 대표

대표적인 저서로서《이방인》(1942)과 《페스트》(1947)를 저술했고, 1957년에 노벨문학상을 수상했던, 프랑스의 소설가이자 극작가인 '알베르 카뮈(Albert Camus, 1913~1960)'는 교통사고로 숨을 거두기 전, '어제의 범죄를 벌하지 않는 것은 내일의 범죄에 용기를 주는 것과 똑같이 어리석은 짓이다'라는 말을 남겼다. 그의 명언은 왜곡되고 불합리한 역사를 경계하고 반성함과 동시에 올바르고 정의로운 역사의식을 정립해야 한다는 의지를 담고 있다.

적지 않은 학생들이 '역사'에 대해 생명력을 잃어버린 채 한낱 외워야 할 암기 덩어리 정도로 여겨서 변두리 과목으로 전락시키려는 태도를 보인다. 역사는 외우는 것이 아니라 기억하는 것이고, 사라지는 것이 아니라 지금까지 이어져 내려오는 시간의 흐름이다. 지금, 이 순간과 앞으로 다가올 미래도 얼마 지나지 않아 과거의 시간으로 들어가는 것이기에, 역사는 결코 낡고 무의미한 산물도 아니요, 썩고 무관심한 결과도 아님을 각골난망(刻骨難忘)해야 한다.

기시다 후미오〔岸田文雄〕 일본 내각은 아베 신조〔安倍晋三〕와 스가 요시히데〔菅義偉〕내각 총리와 궤를 같이하여, 대한제국을 불법으로 강점해서 한민족의 자주성과 독립성을 훼손했던 탄압의 역사에 대해 반성하기는커녕 독도를 지배하려는 야욕과 강제 징병-징용 및 일본군 위안부의 존재를 부정하려는 파렴치를 드러내고 있다. 타국 또는 타민족을 침략하여 인적-물적 수탈을 강행하며 자국의 이익만을 도모했던 제국주의의 만행을, 오히려 자국의 빛나고 돋보이는 근대화 과정의 찬란한 업적으로 둔갑시켰다.

기시다 후미오 일본 내각은 앞서 고노 요헤이〔河野洋平〕 관방장관이 일본군 위안부의 강제 연행을 인정하며 사과했던 고노 담화(1993)와 무라야마 도미이치〔村山富市〕 일본 총리가 일제의 식민 지배에 대해 사죄를 밝혔던 무라야마 담화(1995)의 뜻을 살려서, 한일 양국의 굴곡진 근대외교사를 청산하는데, 직접 반성하고 사과하려는 적극적인 자세를 보여야 할 것이다. 이러한 우리의 요구는 결코 일본을 국제적으로 고립시키거나 폄훼하려는 저급한 의도를 지닌 것이 아니라 한민족에게 해를 끼친 이웃 국가로서 식민지 지배 정책에 대해 깊은 책임 의식을 갖고 타당한 후속 조치를 촉구해 줄 것을 강력하게 호소하는 몸부림이다.

한편, 우리 민족도 뼈아픈 일제강점기를 잊지 않고 떠올리며, 국권을 회복하여 조국의 광복을 이루려고 고군분투(孤軍奮鬪)하며 풍찬노숙(風餐露宿)했던 독립운동가와 민족 말살 통치에 의해 소중한 자신의 일상과 생명을 빼앗긴 채 울분을 품고 살았던 강제 동원 피해자들의 넋을 기려야 할 것과 함께 일제에 부화뇌동(附和雷同)하여 곡학아세(曲學阿世)와 교언영색(巧言令色)을 일삼았던 친일파(민족반역자, 부일협력자)의 반민족행위에 대해 역사적 처벌을 강력하게 내려야 함을 단연코 명심해야 할 것이다.

　　역사를 잊지 않고 되새기며 되살리려는 움직임으로, 심인고 동아리 학생들이 대구-경북의 독립운동 관련 장소를 탐방하여, 그곳과 관련된 인물의 생애를 구체적으로 정리한 후에 사실을 바탕으로 대화를 주고받는 형식을 본떠서 글을 서술하였다. 학생들은 독자들에게 대구-경북 출신이거나 이곳에서 활동했던 독립운동가들의 타협하지 않은 불굴의 독립 의지와 변함없이 실천한 항일 운동을 친숙한 방법으로 소개하였다. 또한 독립운동의 유형과 독립운동가의 인지도를 적절하게 배분하여, 친근감과 호기심을 끌어냈다.

이를 통해 학생들은 작문하는 능력을 키우고, 어휘력을 높일 수 있으며, 독창적인 문장으로 표현하려는 참신성을 향상할 수 있을 것이다. 그뿐만 아니라 학생들은 대구-경북 독립운동가들의 이름과 그들의 꺼지지 않는 투지로 독립을 쟁취하고자 힘썼던 발자취를 기억함으로써 독립운동가들의 숭고한 희생정신과 거룩한 민족애를 일깨우는 데 큰 도움을 받을 것이다.

김태훈 독립운동정신계승사업회 교육위원장(영남중학교 역사교사)

　2022년은 아이들에게도 저에게도 잊을 수 없는 한 해가 될 것 같습니다. 책 쓰기 지도를 하며 글을 썼다 지웠다를 무수히 반복했고, 지칠 때는 서로에게 힘이 되어주려 격려를 아끼지 않았습니다. 그렇게 노력했던 우리의 시간들이 결실을 맺은 해가 2022년입니다. 그렇게 3권의 책이 탄생했고, 그 감동은 결코 잊을 수 없는 추억이 되었습니다. '너에게 들려주고픈 이야기'는 아이들이 가장 열심히 정성을 다해 쓴 책이자 지도교사로서 끝까지 붙들고 읽고 또 읽으며 다듬었던 책입니다. 역사를 기록한다는 것이 얼마나 조심스러운 일이고 또 어려운 일인지 알기에 무거운 책임감을 갖고 지도해야했습니다.

　아이들은 동지들과 가족들의 안위를 걱정하며 자신에 관한 어떤 흔적도 남기지 않으려 했다는 독립 운동가의 사연을 듣고 누구보다 마음 아파했습니다. 그리고는 자신들이 기록자이자 전달자가 되고 싶다며 나섰습니다. 저는 아이들의 예쁜 마음을 지도하는 내내 잊지 않으려 했습니다. 그렇게 모두가 글자 하나에까지 마음을 담은 글을 써냈고 책으로 완성했습니다. 당당히 우리의 지난 역사와 현재, 미래를 이어주는 piece maker가 된 아이들을 지켜보며 뿌듯함을 느낍니다. 그리고 이 책을 읽는 여러분 모두가 piece maker 학생들이 걷는 그 길을 함께 걸어주시길 기대해 봅니다.

지도교사 **최선희, 박수경**

I.
너에게
들려주고픈
이야기

권기옥
한국 최초의 여성 비행사

(1901. 1. 11. ~ 1988. 4. 19.)

여성의 독립운동 사상 # 한국 최초의 여성 비행가 # 3.1 운동

한국 최초의 여성 출판인

"어느 나라든 젊은이들이 꿈이 있고 패기가
있으면 그 나라는 희망이 있어."

- 여성 독립운동가로서 직접 독립운동에 참여하는 것뿐 아니라 여
  성들을 독립운동에 참여시키고 여성들의 독립사상을 높이는데 큰
  기여를 하였다.

- 1917년 학창시절 미국인 스미스의 곡예비행을 보고 비행사의 꿈을
  꾸기 시작하였으며 결국은 우리나라 최초의 여성 비행사가 되었다.

- 숭의여학교 졸업반 때 3.1운동이 일어났고 직접 참여하여 만세
  시위를 하다 구류되기도 하였다.

- 1957년부터 1972년까지 〈한국 연감〉을 발행하며 한국 최초의
  여성 출판인으로 기록되었다.

황금 같은 주말 아침, 텔레비전을 켜니 국군의 날 기념식이 한창이었다. 전투기들은 화려한 곡예를 부리며 날았다. 멍하니 바라보고 있다가 문득 고개를 돌리니 영주는 언제 왔는지 내 옆에 앉아 TV 보기에 여념이 없었다. 영주는 원래도 큰 눈을 더 크게 뜨며 내게 말했다.

"오빠, 저 비행기들 너무 멋있지 않아? 나도 커서 저런 비행기 조종해보고 싶다."

생전 처음 보는 에어쇼가 어린아이에겐 상당히 멋있게 보였는지 '와', '대박'과 같은 감탄사를 연발했는데, 그 모습이 귀여워 나도 모르게 웃음이 새어버렸다.

아뿔싸. 영주의 드센 성격을 잠시 잊었다. 동생 말이 웃기냐는 날카로운 시선이 명치에 꽂혔다. 나는 그 비수를 빼내야 했다. 난처한 상황에 불현듯 어제 교과서에서 보았던 권기옥 선생의 이야기가 떠올랐다. 화제를 돌리기 위해 그분 이야기를 꺼냈다.

"영주야, 너 우리나라 최초의 여성 비행사가 누군지 아니?"

영주의 눈빛이 한결 부드러워졌다.

"그게 누군데?"

"그분은 바로 권기옥 선생님이신데, 비행사였을 뿐만 아니라 독립운동도 하셨던 위인이셔."

직전의 매서움은 온데간데없이 영주는 호기심 가득한 눈으로 내게 되물었다.

"그분은 어떻게 비행사가 되신 거야?"

나는 자세를 고쳐 앉고 물을 한 모금 마신 뒤 이야기를 시작했다.

"그럼 선생님의 어린 시절부터 알아볼까?"

"좋아!"

"권기옥 선생님은 1901년 1월, 평양에 있는 한 마을에서 둘째 딸로 태어나셨어."

"오! 나도 둘째 딸인데!"

"선생님의 가문은 원래는 돈이 많았어. 하지만 노름을 좋아하던 선생님의 아버지가 할아버지의 유산을 모두 날려버렸어. 선생님이 4살이 되던 해에는 돈을 모두 잃어, 남의 집 문간방 신세를 질 정도로 가난해지고 말았지."

"나쁜 아빠 같으니!"

"그 때문에 선생님은 11살이 되던 해에 은단 공장에 취직해 집안 살림을 도우셨어."

"그렇게 어린데도?"

"이듬해에는 장대현 교회에서 설립한 송현소학교에 입학하셨어."

"소학교가 뭐야?"

"지금으로 치면 초등학교야."

"아하~"

"소학교를 졸업한 후엔 숭의여학교 3학년에 편입하셨어. 그러다 학교에서 수학을 가르치는 박현숙 선생님의 권고로 학교의 비밀 모임 '송죽회'에 가입하여 항일운동을 시작하게 돼."

영주는 무슨 말인지 모르겠단 표정으로 날 바라봤다.

"항일운동은 일제에 저항하는 활동들이야."

"아! 나 알 것 같아! 나라를 뺏겼던 게 천구백……."

"1910년!"

"아, 내가 말하려고 했는데! 나도 알고 있었거든!"

영주는 몰랐던 것 같지만, 날 선 반응이 두려워 반박하지 않았다.

"아무튼, 박현숙 선생님의 교육을 받으며 송죽회에 소속되어 있던 권기옥 선생님은 독립 정신을 키우셨어. 그렇게 시간이 지나고 박현숙 선생님은 3.1운동의 중심이 되었던 민족대표 33인 중 한 명인 신홍식 목사님의 연락을 받게 돼."

"3.1운동이면 유관순 언니도 33명 중에 있는 거야?"

"유관순 열사는 거기에 속하진 않았어. 33인은 모두 종교 지도자들로 구성되었거든."

"아~. 근데, 아까 목사님은 왜 박현숙 선생님한테 연락한 거야?"

"3.1운동의 준비를 도와달라고 연락하신 거야. 박현숙 선생님은 요청을 수락하셨고 그분의 지휘 아래 권기옥 선생님과 그 동료 분들은 3.1운동을 준비하기 시작해. 선생님과 동료분들은 학교 기숙사에서 일본인 교사 몰래 태극기를 만들고 애국가를 베꼈어."

"와, 첩보 영화 같아! 멋있다!"

영주는 이미 권기옥 선생님의 이야기에 푹 빠져 있었다. 눈은 에어쇼를 볼 때처럼 커져 있었다.

"선생님과 동료분들은 그렇게 만든 것들을 장롱에 감추고, 치마 속에 숨겨서 운반했어. 그렇게 3월 1일이 되었고, 숭덕학교에서 독립선포식이 끝나고 권기옥 선생님을 포함한 천여 명의 사람들이 태극기를 들고 '대한 독립 만세'를 외쳤어."

"천 명이나? 대박이다."

"그렇게 뜨거운 열기의 3·1운동이 있은 이후에 권기옥 선생님과 독립선포식을 진행한 사람들과 박현숙 선생님은 체포되었지. 이후에 풀려난 선생님은 독립을 향한 열망을 더욱 키워가셔. 그 후 선생님은 대한민국 임시정부의 모금 활동에 투신하게 돼."

"대한민국 임시정부가 뭐야? 거기에 돈을 왜 줘?"

"대한민국 임시정부는 3.1운동 이후에 중국 상하이에 만들어진 정부형태의 독립운동 기관이야. 많은 독립운동가분이 이곳에서 독립운동에 이바지하셨지. 그런데 대한민국 임시정부는 상하이에 있어서 직접 세금을 거둘 수 없었어. 그래서 국내 사람들이 독립운동자금을 모금해서 임시정부에 전달해 운영을 도왔던 거야. 김구 선생님 알지? 그분이 임시정부의 초대 경무국장(현재 경찰청장)이셨어."

"김구 선생님은 당연히 알지~"

"권기옥 선생님이 모금 활동을 하셨다고 했지? 선생님은 본인이 다녔던 숭의여학교에서 독립운동자금을 모금하셨어. 이때 숭의여학교 학생들은 자신들의 머리카락을 잘라 판 돈이나 어머니의 귀금속을 판 돈을 독립운동 자금으로 내놓았대."

"우아, 대단하다아."

"그치? 아마 3.1운동이 있고 얼마 지나지 않아서 독립에 대한 열정이 더 뜨거웠던 것 같아. 이렇게 임시정부를 위해 자금을 모으던 선생님께 김재덕이라는 사람이 한 과수원에 있던 권총을 찾아달라는 부탁을 했어."

"총?"

영주의 눈이 다시 커졌다.

"그래, 총. 선생님은 그 부탁을 거절하지 않으셨어. 그 일엔 선생님의 동생 권기복 선생님이 중요한 역할을 하셨는데, 권기복 선생님은 권총을 찾아 발목에 노끈으로 묶은 후 한복 바지를 묶는 대님, 그러니까 발목 끈으로 매어서 자전거를 타고 가져오셨어. 그리고 선생님의 어머니께서 김재덕 선생님께 권총을 전달하셨지."

"그래서? 작전 성공인 거야?"

"작전은 성공하지 못했어. 전달된 권총이 오발되었고, 다행히 증거 불충분으로 풀려났지만, 결국 선생님을 끈질기게 미행하던 형사에게 꼬리를 잡혀 체포당하게 돼."

"구속 이후에 선생님은 끔찍한 고문을 받으셨어. 경찰은 동료가 누군지 말하라며 선생님을 압박했지."

"……."

영주는 착잡한 듯 고개를 떨군 채로 내게 물었다.

"그다음엔, 어떻게 됐는데…?"

"무자비한 고문에도 선생님은 입을 굳게 닫으셨어. 이후로 선생님은 검찰에 보내지셨고, 증거가 부족해 감옥에 가지 않을 수도 있었지만, '검찰에서 단단히 다루기를 바란다.'라는 다나카(たなか) 형사의 쪽지 때문에 6개월 동안 감옥에 수감되었어."

"아오! 정말 다나카는 선생님한테 왜 그러는 건데!"

영주는 한동안 씩씩댔다. 분노하는 영주의 모습을 보며 나는 여태껏 우리 선조들이 겪으셨어야 했던 일제의 부조리에 진심으로 분노한 적 있는지 생각하게 되었다. 그저 하나의 사건일 뿐이라 생각했다. 그리고 광복이 오기까지의 고난과 고통을 진정으로 생각하지 않은 채 살아온 것 같아 부끄러웠다.

영주가 진정하고서야 말을 이어갈 수 있었다.

"감옥에서 나오신 선생님은 전국에 흩어져 있던 애국 동지들과의 연락을 위해 '평양청년회 여자 전도대'를 조직하셨어. 그런데 첫 전도회가 장대현교회에서 열리고, 평안도 일대를 순회하자 곧바로 경찰의 감시도 시작되었어. 선생님은 전도 대장이란 이유로 경찰에 연행되어서 시말서를 쓰셨어."

"시말서? 그게 뭐야?"

"음, 시말서는 반성문이랑 비슷한 거라고 보면 돼. 자기가 어떤 잘못을 했고, 그 잘못을 다시 하지 않겠다고 쓰는 거야."

"아니 무슨 잘못을 했다고 그래!"

"자자, 진정해. 그런 일이 있었던 이후에 경찰의 감시가 점점 심해지고, 다시 구속될 수도 있다는 소식을 들은 선생님은 1920년 9월에 한 멸치잡이 배를 타고 중국의 상하이로 망명하셨어."

"상하이? 거기 아까 그 임시정부가 있던 곳 아니야?"

"맞아. 선생님은 상하이로 가서 임시정부의 2대 임시의정원 의장 손정도 의원님의 집에서 지냈어. 그러던 선생님은 외국어 공부를 위해 '김규식'이라는 독립운동가의 아내인 김순애 선생님의 소개장을 받아서 홍도여학교에 입학하게 돼. 21세라는 당시로선 적지 않던 나이에도 불구하고, 결국 언어장벽까지 극복하며 우수한 성적으로 학교를 졸업했어."

"이후 1923년 4월에 권기옥 선생님은 군인 양성을 추진하던 임시정부로부터 윈난항공학교로의 입학을 추천받아. 항공학교는 비행사가 되기 위해 가는 학교야."

"이제 비행사가 되는 거야?"

영주가 비행사라는 단어에 들떴다.

"그렇지, 그리고 영주 네 꿈이 비행사인 것처럼 권기옥 선생님의 꿈도 비행사가 되는 거였어. 1917년 5월, 16세의 선생님은 서울 여의도 비행장에서 서커스 비행사인 스미스의 공연을 보고 비행사가 되고 싶다는 꿈을 가졌었거든. 이제 꿈을 이룰 기회를 만난거지. 그렇게 입학 이후 선생님은 '비행기를 타고 일본으로 폭탄과 함께 날아가리라.'라는 새로운 각오로 훈련에 매진하셔. 그리고 이후에 실력을 쌓아 정말로 비행기를 타시게 돼."

"너무 멋있고 너무 부럽다! 나도 비행기 조종해 보고 싶어!"

"맞아, 너무 멋지시지. 그런데 선생님께 또다시 위험이 찾아왔어."

"또? 왜 자꾸 선생님을 못살게 구는 거야…"

"독립운동을 하다가 도망쳐서 여자 조종사가 된 조선인 여학생이 있다는 소문이 일본까지 퍼진 거야. 일본은 그 사람이 선생님이라는 사실을 단번에 알아차렸어. 그래서 일본에선 선생님이 훌륭한 비행사가 되어서 일본을 위협하지 못하게 민모라는 한국인 청년을 매수하고 선생님을 암살하도록 했어. 그러나 이 사실을 안 동료들과 함께 민모를 공동묘지로 유인하여 사살함으로써 다행히 위험을 넘기게 돼."

영주가 다행이라는 듯 한숨을 크게 쉬었다.

"하지만 일본 영사관은 어디서든 선생님을 마주치면 사살하겠다고 통보했어. 그래서 선생님은 졸업하실 때까지 학교 안에서만 생활하실 수밖에 없었지."

"가지가지 한다, 정말."

영주가 내 속마음을 대변하는 듯했다.

"학교를 졸업한 선생님은 임시정부의 소개로 펑위샹(馮玉祥)의 항공대에서 한국 최초의 여성 비행사로 복무하셨어. 선생님은 총 7,000시간이라는 엄청난 시간을 비행하셨는데, 군대에서의 비행 과정만을 마쳐 공식적인 비행사 자격을 인정받지는 못하셨지만, 당시 한국인 최초의 여성 비행사로 불리셔."

"그해 4월에는 동로군 항공대의 제2비행원으로 임명되셨는데, 그

항공대의 대장이었던 서왈보 씨의 소개로 알고 지내던 이상정 선생님과 1926년에 결혼하셨어. 이후 중경이라는 지역에 있는 중국국민당정부 육군참모학교에서 교관으로 영어, 일본어, 일본인을 알아보는 법, 일본인의 성격 등에 대해 가르치셨어.”

“그럼, 이때는 비행 안 하셨어?”

“이때는 비행보다는 교관으로서 가르쳐야 할 내용에 대한 연구에 집중하셨다고 해. 하지만 그러면서도 선생님은 ‘임국영’이란 가명으로 이상정 선생님과 함께 독립을 위한 활동을 많이 하셨어.”

“나는 내 몸이 두 개여도 선생님만큼 열심히는 못 살 것 같아. 진짜 멋있으시다, 히히.”

“선생님은 나중에 더 많은 일들을 하셔. 1943년에는 한국애국부인회를 다시 만드셨어. 사교부장으로 활동한 선생님은 한국 여성들을 독립운동에 참가시키고 여성들의 독립사상을 높이는 데 온 힘을 다하셨어. 1948년 8월에 귀국해서는 국방위원회 전문위원, ‘한국 연감’ 발행인, 한중문화협회 부회장, 재향군인회 명예회원, 부인회 고문 등을 맡으셨어.”

얼마나 많은지 말하다 숨이 찰 정도였다.

“대단하시지?”

“진짜 대박! 어떻게 저렇게 많은 것들을 다 하셨지?”

영주는 선생님의 활동들을 전부 이해하진 못했겠지만 대단하다는 느낌만은 제대로 받은 것 같았다.

"정부에서는 선생님의 공훈을 기리기 위해서 1968년에 대통령 표창, 1977년에 독립장을 수여했어. 서울 장충동의 한 목조건물의 2층 마룻방에서 여생을 보내신 권기옥 선생님은 1988년에 세상을 떠나시고 국립묘지에 안장되셨어."

"그렇구나..."

숙연해진 분위기에 창밖을 보니 어느새 어두워져 있었다. 얼마간의 묵념 후에 마지막으로 나는 조용히 말했다.

"선생님이 스미스의 비행을 보고 비행사라는 꿈을 가지셨던 것처럼, 선생님의 비행으로 우리도 꿈을 꿀 수 있게 되었어. 우리에게 꿈을 주신 선생님을 절대 잊지 말자!"

"좋아!"

O/X 퀴즈

1. 권기옥은 학생 시절 3.1운동에 참여하였다. (　)
2. 권기옥은 총 7,000시간 가량의 비행시간을 지녔다. (　)
3. 권기옥은 한국애국부인회를 다시 만들었다. (　)

※ 정답은 98페이지에서 확인하실 수 있습니다.

이인
대한민국의 초대 법무부 장관

(1896. 10. 26. ~ 1979. 4. 5.)

#초대법무부장관 #무료변호 #민족변호사

> "전 재산을 한글학회에 기증해
> 오늘날 한글회관을 건립하는데 밑거름이 되게하였다."

- 대한민국의 초대 법무부 장관이자 독립운동가, 변호사, 정치인

- 1923년, 일본변호사시험에 합격하였다. 다른 독립운동가들을 상
  대로 무료변호를 하여 3대 민족 인권변호사로서 명성을 날렸다.

- 일제 강점기 말기에는 창씨개명을 거부하였으며, 1942년 조선어
  학회 사건에 연루되어 함흥형무소에서 옥고를 치렀다.

"영주야, 너 이제 중학교 다니잖아. 중학교 1학년은 어때?"

"중학교 재밌어! 자유학년제라고 시험도 안 치고 놀아!"

"이야, 요즘 중딩들 살기 좋아졌네~ 우리 땐 말이야, 자유학기제였
단 말이지."

"오빠 나랑 5살밖에 차이 안 나거든? 나이 좀 더 많다고 어른 행세는."

"크흠, 너 그러고 보니까 집에서 한국사 공부하던데? 재밌나 봐?"

"응! 요즘 재밌어서 영상도 찾아보고, 책도 읽고, 검정시험도 한 번
보려고. 그 중에 일제강점기 때가 젤 재밌더라. 참, 전부터 궁금했는데,

우리 사는 곳이 대구잖아. 대구에서 활동한 독립운동가는 없어?"

"대구의 독립운동가? 엄청 많아~. 교과서나 책엔 잘 없지? 기록이 사라졌거나 비밀리에 활동하셨거든. 그래서 우리가 알 수 있는 게 별로 없어. 나도 일반인 중에선 많이 아는 편이지만 그렇다고 되게 많이 아는 건 아니야."

"그럼 아는 거라도 알려줘!"

"내가 알려주면 넌 뭐 해줄래?"

"또 이러네, 어휴. 그래, 아이스크림 살게."

"오케이~"

"그니깐 빨리 얘기해줘!"

"그래 그래. 영주야, 변호사 알지?"

"알지. 억울한 사람들 도와주잖아."

"맞아. 일제강점기에도 독립운동가분들을 변호했던 분이 있는데, 그 중에 한 분이 바로 이인 선생님이야. 이인 선생님은 활동을 특별히 많이 하셔서 우리가 알 수 있는 게 많아."

"얼마나 많이 하셨는데?"

"내가 이분에 대해 특히 많이 알고 있어. 내 얘기 잘 들어봐."

"선생님은 어릴 때부터 공부를 잘하셨어. 5살 때부터 한문 수업을 들으셨대. 할아버지께서 서당에서 공부하라고 시키셨거든. 근데 선생님이 다녔던 서당은 시험공부만 하는 게 아니라 음력 5월 5일이 되면 문예 대회를 열기도 했어. 학생들이 시를 써내면 그 중에 좋은 작품은

빨간 동그라미를 치고, 그렇지 않은 작품은 X표를 쳤어. 동그라미 개수만큼 학비를 면제 받았대."

"우와, 시 잘 써야겠다."

"시간 안에 완성해야 했는데, 그 시절 시골에 시계가 어딨겠어? 그래서 머리카락 한 가닥과 이은 노끈을 천장에 매달아서 불태우는 방법을 생각해냈어. 시의 주제를 놓고 여기저기서 끙끙거릴 때 노끈 타는 모습을 보면 얼마나 초조했겠어."

"긴장되겠다."

"그래서 한 번은 한 학생이 노끈에다 침을 발라서 불이 못 올라가도록 했는데, 들켜서 엄청 혼난 적도 있대. 이인 선생님은 8살이 돼선 달동심상 소학교에 입학하셨어. 예전에는 먼저 여섯 달 동안 수업을 들은 뒤에 일본에서 만든 시험을 쳐서 성적순으로 학년을 정했었어. 근데 이인 선생님은 공부를 정말 잘하셔서 4학년으로 편입이 되셨어."

"얼마나 잘하셨길래."

"일제가 한반도에 들어오고 나서 단발령이 내려졌던 거 알지?"

"나 단발령 알아! 1895년! 을미사변이랑 같은 해 아니야?"

"아마 그때쯤이었을 거야. 선생님이 상의 없이 머리를 깎아서 집안 어른들이 화가 엄청 많이 나셨었대. 그땐 머리카락을 소중하게 여겼었잖아. 그래서 3일 동안 숨어 지내셨대."

"무서웠겠다."

"이후 선생님은 달동의숙에 들어갔고, 민족의식이 강한 교육을 받았어. 이때가 사법권, 군사권을 일본에 빼앗기던 때여서 그랬는지는 모르지만, 선생님은 일본에 가서 공부를 더 해야겠다고 생각하셨어. 넓은 눈으로 세계를 알고 싶다는 욕심도 있었겠지. 서점에 가서 일본어책을 사 읽고 강습소도 다녔지만, 부모님께는 비밀로 하셨대. 반년쯤 공부하고 일본인에게 회화 실력을 시험해봤는데 그 사람은 한 마디도 못 알아들었대.”

　“나랑 비슷하네. 우리 학교 원어민 선생님도 내 영어를 하나도 못 알으셔.”

　“또 그때엔 광복회, 권총 사건 때문에 집에 아버지들이 안 계셔서 어머니께 모든 짐을 지우고 떠나기도 마음이 쓰이고 유학비 마련도 어려웠을 거야. 하지만 선생님은 큰 뜻을 위해 저금통을 깨고 45원을 챙겨서 가출하셨어. 지금 돈으로 따지면 한 5~60만 원 정도래. 18살에 도쿄에 혼자 가셨던 거야.”

　“멋있네. 그치만 가족을 두고 혼자만 떠난 게 좀 그러네. 난 못할 것 같아.”

　“그런가. 어쨌든, 유학 시절 이인 선생님은 두 명의 친구가 있었는데, 한 분은 2대 국회의원을, 한 분은 초대 재무부 장관을 지내셨어. 역시 떡잎부터 다른 사람들은 만나는 사람도 남다르지?”

　“우와 인맥이 탄탄하셨구나.”

　“이 셋은 1942년에 터진 조선어학회 사건으로 함께 감옥에 가기도 했어. 1931년에 조직된 조선어학회는 한글과 조선말을 지키기 위해

1921년에 만들어진 조선어연구회에서 비롯되었어. 어학회에서는 사전 편찬을 위해서 1933년 '한글 맞춤법 통일안'을 만들고 표준말, 외래어 표기법 등을 연구했어. 선생님은 일본에서 대학을 졸업한 후에 평택의 은행에서 일하셨는데, 작은아버지의 부탁으로 군자금 조달 심부름을 가던 중 일본 경찰에게 잡혀서 일주일 동안 고문을 당하셨어. 풀려나왔을 때는 귀가 안 들릴 정도가 되어서 한 달 동안 집에 누워계셔야 했대. 그때를 계기로 변호사가 되겠다는 꿈을 다지셨을 거야. 선생님께서 은행을 그만두고 일본에 다시 갈 생각을 하고 있을 때, 3.1운동이 일어났어. 거리의 학생들이 경찰에 끌려가는 모습을 보며 가슴이 아프셨대. 아마 아무리 만세를 외쳐도 독립이 될 수 없다고 생각하셨을 거야.

그땐 일제가 망했으면 하는 기대를 했는데, 실제로도 그렇게 됐지? 하지만 이인 선생님은 남의 힘에 기대는 걸 못마땅하게 여기셨나봐. 막연한 기대보단 국민이 스스로 힘을 길러야 한다고 생각하신거지. 선생님은 다시 일본으로 가 법정에서 일본과 싸우기로 다짐했어. 2년 동안 열심히 공부했지만 첫 시험에는 불합격하셨어. 한국에 있을 땐 경성부립도서관에서, 막바지엔 도쿄 히비야도서관에 묻혀 살다시피 했대. 진짜 공부벌레셨어. 그치?"

"정말."

"내가 책을 읽었는데 선생님의 공부법에 대해서도 나와 있더라고. 이해하기 어려운 부분은 손톱으로 꾹꾹 눌러서 자국을 내고, 처음부터 끝까지 한 권을 다 공부하면 뒤에서부터 거슬러 읽어. 손톱자국이 남아있는 부분은 더 꼼꼼하게 살펴보고. 시험 준비를 위해 친구와 연락을 끊고 말도 하지 않고 책만 붙잡고 계셨대. 포기하고 싶은 순간이 많았겠지. 계속 앉아있으니 허리, 어깨는 아프고, '공부해서 뭐 하나' 하는 생각이 들어 책을 내동댕이치는 경우도 한두 번이 아니었대. 하지만 마음을 다잡고 계속 공부한 끝에 두 번째 시험에서는 합격하셨어. 합격증을 받았을 때가 스물여덟이었대."

"결국 해내셨구나."

"선생님이 변호사로서 처음 맡은 대형 변호는 제 2차 의열단 사건이었어. 그다음 3차 의열단 사건 재판은 쉽지 않았지만, 선생님이 형사가 사실조사를 하지 않고 유죄판결을 요구했다는 것을 밝혀서 의열단원들은 모두 풀려났어."

"대단하시다."

"또 하나는 1926년 순종의 장례식 날에 일어난 6·10 만세 사건이야. 그날 창덕궁 앞은 시민들과 학생들로 가득했대. 장례 행렬이 앞에 오자 독립 만세의 함성이 커지고 학생들의 전단이 길가에 뿌려졌어. 군사경찰들은 이리 뛰고 저리 뛰면서 학생들을 짓밟았어. 함성이 근처에 있던 이인 선생님 변호사 사무실에서도 크게 들릴 정도였대. 그때, 사무실 앞에 학생 두 명이 모자를 벗어 던지고 숨을 헐떡이면서 뛰어 들어왔어. 누가 봐도 경찰에 쫓기는 학생들이야. 선생님은 학생들을 사무실에 들이고 옷을 갈아입혔어. 그러곤 학생들에게 누가 들어와서 물으면 소송 때문에 왔다고만 말하라면서 본인은 소송 서류를 뒤적이는 척 연기했어. 얼마 뒤, 형사 두 명이 들이닥쳐서 무슨 일로 여기 있냐며 물었는데, 선생님은 내일 있을 재판 때문에 온 거라고 대답했지. 형사들은 사무실 전체를 다 뒤져 보고도 특별히 수상한 점을 찾지 못한 채 나가 버렸어. 선생님도 일본 경찰한테 고문을 당한 적이 있고 지금 잡히면 무슨 일을 겪을지 아셔서 필사적으로 도와주셨다고 해.

선생님은 나라의 발전을 위해서도 많은 노력을 하셨어. 선생님은 물산 장려회 이사장을 10년 간 맡으셨고, 또 〈과학조선 잡지〉를 만들어 각 지방에 만든 지회를 통해서 부지런하게 보급하셨어. 찰스 다윈이 세상을 떠난 4월 19일을 '과학의 날'로 지정하고 '과학과 기술을 알아야 민족이 부강해진다'라는 슬로건의 포스터를 만들기도 했어. 계몽 운동을 얼마나 중요히 여겼는지 알겠지?"

"너무 대단해서 무슨 말을 해야 할지 모르겠어."

"어떤 일을 하셨는지 아는 것도 중요하지만 가장 중요한 건 감사함을 느끼고 기억하는 거야. 너무 복잡하게 생각하지 않아도 돼. 대단한 분이란 건 알았으니까."

"그래! 나도 선생님을 오래도록 기억할게!"

O/X 퀴즈

1. 이인 선생님은 어릴 적 서당에서 시험을 쳐서 학비를 면제 받았다. (   )

2. 이인 선생님은 한 번 만에 변호사 시험에 합격하였다. (   )

3. 이인 선생님은 에디슨이 사망한 날을 '과학의 날'로 지정하였다. (   )

※ 정답은 98페이지에서 확인하실 수 있습니다.

이육사
강인함을 가지고 있던 시인

(1904. 4. 4. ~ 1944. 1.16.)

#264 #저항시인 #감옥살이 #광야

"다시 천고의 뒤에
백마 타고 오는 초인이 있어
이 광야에서 목놓아 부르게 하리라"

– 이육사의 본명은 이원록으로 이육사라는 이름은 감옥에서의 수감
번호 264에서 온 것이다.

– 윤동주와 함께 대표적인 저항시인으로 꼽히며 〈절정〉, 〈광야〉,
〈청포도〉와 같은 유명한 작품들을 썼다.

– 39여 년의 인생동안 무려 17번의 옥살이를 하며 적극적인 독립운
동을 하였다.

영주가 집에 들어와서는 내게 말했다.

"매운 계절의 채찍에 갈겨 마침내 북방으로 휩쓸려 오다. 하늘도 그
만 지쳐 끝난 고원 서릿발 칼날진 그 위에 서다. 어디다 무릎을 꿇어야
하나 한 발 재겨 디딜 곳조차 없다. 이러매 눈 감아 생각해 볼밖에 겨울
은 강철로 된 무지갠가 보다."

언제 다 외웠는지 술술 잘도 읊었다. 일부러 외워올 정도면 할 얘기가 있는 게 분명했다.

"그 시, 누가 썼는지 아니?"

"당연히 알지! 이육사 시인!"

"그럼 그분이 어떤 일을 하셨는지도 알겠네?"

"독립운동가인 거 나도 알거든! 오늘 공부 엄청 열심히 했어!"

"그렇구나, 엄청 재미있었나 보네. 이렇게 자랑도 하고."

"응! 이육사 시인 너무 멋있어!"

난 물었다.

"영주야 '이육사'가 무슨 뜻인 줄 알아?"

"음, 그냥 성함 아니야? 잘 모르겠어."

"시인의 본명은 사실 이원록이야. '이육사'는 시인님이 감옥에 계실 때의 번호였던 거 몰랐지?"

"이육사, 264… 신기하다! 전혀 몰랐어!"

"그리고 시인이 독립운동가인 건 알아도 자세하게는 모르지?"

"어, 아직은? 흐흐."

"내가 자세히 알려줄게. 이육사 시인은 일제 강점기 시절 일본에 대한 저항 시를 쓰신 대표적인 저항시인이셔. "

"저항시인이 뭔데?"

"저항시인은 힘을 가지고 있는 사람에게 반대의 뜻으로 시를 쓰는 시인을 말해.”

“아, 독립운동을 시로 하는 거구나.”

“맞아, 이제 이육사 선생님의 생애를 자세히 설명해줄게. 선생님은 1904년 안동에서 태어나셨어. 그리고 할아버지로부터 한문을 배우시며 할아버지가 들려주신 절개와 기상에 대한 이야기를 마음 깊이 새겼어. 할아버지께서는 이렇게 말씀하셨대. “무릇 선비란 절개가 있어야 하느니라. 우리 집안은 퇴계 이황 선생의 후손으로 대대로 선비의 절개가 빛난 가문이다.” 그리고 그때 어린 선생님은 물었어. “할아버지! 절개가 무엇인가요?” 할아버지는 답하셨지. “옳은 일에 뜻을 굽히지 않는 강인한 정신을 가리킨단다.” 그리고 호기심이 많던 선생님은 또 물었어. “어떤 일이 옳은 일인가요?” 그러자 할아버지는 “나라를 사랑하고 사람을 아끼는 것이다. 명심하거라.”라고 말씀하셨지. 난 선생님의 애국심이 할아버지의 말씀으로부터 생겨난 거라고 봐.”

영주는 흥미롭다는 듯이 고개를 끄덕였다.

“그런데, 선생님의 어린 시절이 너랑 엄청 비슷한 것 같아. 호기심도 많고 궁금한 건 무엇이든 물어보는 게 말이야.”

“그런가, 그런 거 같기도 하고.”

“흐흐. 1910년에 일본은 우리나라의 국권을 빼앗았고, 핍박은 날이 갈수록 더욱 심해져 갔어. 그리고 선생님께서는 21살에 일본으로 유학을 가셨지. 선생님은 조선혁명간부학교 1기 졸업생이 되어 식민 통치기관, 친일파, 일본 경찰과 군인을 처단하고자 했어.

"한편으로는 형제들과 중국에 자주 드나들며 앞으로 어떻게 독립운동을 해야 할지에 대해 고민하셨지. 그러던 중, 1927년에 조선은행 대구지점에서 폭발물이 터져서 일본 경찰이 큰 상처를 입는 사건이 발생했어. 범인이 잡히지 않자, 일본 경찰들은 범인을 찾아낸다는 구실로 선생님을 비롯해 많은 민족운동가를 잡아들였어."

　　"어떡해."

　　"형제들과 함께 잡힌 선생님은 1년 7개월간 억울한 감옥살이를 해야 했지. 선생님의 첫 번째 감옥살이였어."

　　"그럼 감옥에 한 번만 가신 게 아니네?"

　　"맞아. 총 열일곱 번이나 옥살이를 하셨는데, 아까의 첫 번째 수감생활에서의 번호가 264였던 거야."

　　"아~ 그렇게 된 거구나."

　　"이후 선생님은 신문기자가 되어 글을 쓰고 일본에 대한 저항시를 발표하셨어. 그럴수록 선생님에 대한 일제의 감시는 더욱 심해졌고. 그러던 중 대구 시내에 일본을 비판하는 글이 몰래 붙었는데, 관련이 있다는 의심을 받아 선생님은 또다시 2개월 동안 감옥에 갇히셨어."

　　"감옥은 생각만 해도 무서운데, 자꾸만 감옥에 가셔야 했다니 너무 안타깝다."

　　"하지만 선생님은 이런 일에 무너지지 않으셨어."

　　"그럼그럼. 선생님이 어디 쉬운 줄 알아?"

　　"선생님은 감옥에서 나오신 뒤, 예전부터 꿈꿔왔던 독립운동을 본

격적으로 시작하기 위해 중국엘 자주 가셨어.

베이징에서 의열단원분들을 만나서 무장독립투쟁에 참여하기로 결정하셨어. 그리고 체계적인 군사 훈련을 받기 위해 의열단이 설립한 군사학교에 입학해서 비밀통신, 선전 방법, 폭파 훈련 등을 교육받으셨지. 1933년에 귀국하셨는데, 비밀 임무를 실행하기 전에 처남의 자수로 다시 일본 경찰에 붙잡히시고 말아."

"아, 처남 정말…"

"7개월간의 감옥살이 때문에 건강은 더욱 나빠졌어. 그래서 선생님은 앞으로의 일을 걱정하며 고민에 빠지셨지. 의열단원으로서 무장 투쟁을 계속할 것인지, 아니면 독립운동을 그만두고 건강을 지킬지."

"물론 독립운동도 중요하지만, 그래도 건강이 우선이잖아."

"그래서일까, 이제는 무장투쟁보단 글을 통해 민족의식을 높이고 일제에 대한 저항정신을 일깨우는 것이 좋겠다고 생각하셨나 봐. 그때부터 선생님의 새로운 항일운동이 시작되었어. 어때? 이육사 선생님에 대해 이젠 잘 알겠지?"

"응! 역시 대단하신 거 같아."

"너 〈절정〉이라는 시 알아?"

"음, 책에서 본 적은 있는 거 같아. 너무 어려워서 그냥 넘겼었지. 설마 이것도 설명해주는 건 아니겠지?"

"아, 별로 관심 없어?"

"장난이야! 히히. 사실 엄청 궁금해. 설명해줘!"

"그럼 먼저 시를 읽어보자!"

"까마득한 날에, 하늘이 처음 열리고, 어데 닭 우는 소리 들렸으랴. 모든 산맥들이 바다를 연모해 휘달릴 때도, 차마 이곳을 범하던 못하였으리라. 끊임없는 광음을, 부지런한 계절이 피어선 지고, 큰 강물이 비로소 길을 열었다. 지금 눈 내리고 매화 향기 홀로 아득하니, 내 여기 가난한 노래의 씨를 뿌려라. 다시 천고의 뒤에 백마 타고 오는 초인이 있어, 이 광야에서 목놓아 부르게 하리라. 오… 직접 읽어보니까 좀 다르다!"

"그치? 역시 시는 읽어야 된다니까."

"빨리 설명해줘! 느낌만 오고 제대로는 모르겠어."

"어어, 그래. 시에서 '광야'는 우리 조국을 상징해. 매화 향기는 매화가 추운 겨울이 다 가기 전부터 피어 향기를 남기는 점이 굳센 민족정신을 뜻한다고 알려져 있지. 백마 타고 오는 초인은 광복을 의미해."

"와, 아까 읽었을 땐 그냥 멋있는 시 같았는데 이런 깊은 뜻을 가지고 있었다니, 신기하다."

"문학 활동으로 분야를 바꾸었다고 해서 독립운동을 아예 방관하신 건 아니야. 1943년엔 중국 충칭에 있는 임시정부를 찾아가 무기를 국내에 들여와 일본과 직접 싸울 것을 주장했어. 그리고 그해 7월에 어머니와 형의 장례를 치르러 잠시 귀국했다가 일본 경찰들에게 다시 잡혔어. 선생님은 며칠 후에 조사를 받기 위해 중국 베이징에 있는 일본 영사관을 거쳐 일본 헌병대 베이징 감옥으로 옮겨졌고, 고문에 시달리다가 몇 달 후인 1944년 1월 16일에 결국 세상을 떠나셨어."

"이분도 결국 슬프게 떠나셨구나…"

"그래도 광복이 선생님의 마음을 채워드렸을 거야."

"그렇겠지?"

"우리는 선생님을 오래오래 기억하자. 그게 우리가 선생님께 보답하는 일이니까."

"그러자!"

그로부터 몇 년 후, 언젠가는 찾아올 자유를 위해, 사랑하는 나라를 위해 꿋꿋이 붓을 들었던 어느 한 남자가 하늘의 별이 된 그 날처럼 쓸쓸했던 겨울날 밤, 어느덧 의젓한 고등학생이 된 동생이 나에게 말했다.

"오빠, 기억하지?"

매운 계절의 채찍에 갈겨
마침내 북방으로 휩쓸려 오다.

하늘도 그만 지쳐 끝난 고원
서릿발 칼날진 그 위에 서다.

어디다 무릎을 꿇어야 하나
한 발 재겨 디딜 곳조차 없다.

이러매 눈 감아 생각해 볼밖에

겨울은 강철로 된 무지갠가 보다.

O/X 퀴즈

1. 이육사는 저항시인이다. (   )

2. 이육사는 신문기자의 일은 하지않았다. (   )

3. 이육사는 무장독립투쟁에 참여하였다. (   )

※ 정답은 98페이지에서 확인하실 수 있습니다.

이상정 · 이상화
자랑스러운 형제

이상정(1896.6.10. ~ 1947.10.27.)

#이상정 #문무겸비 #독립운동가 #잊지말ㅈㅏ..☆

"장군은 조국해방의 일념을 쫓아, 항상 조국동지의 원조에 진력하였나니 장군의 공로는 실로 역사에 빛날 바입니다." -시인 백기만-

– 대구에서 태어나 어린 시절 큰아버지 밑에서 공부하였다. 이후 일본으로 유학을 떠나 다양한 신학문을 배웠다. 한국으로 돌아온 뒤 교사, 예술가 등으로 활동하였다.

– 한국에서 다양한 활동에 더불어 독립운동을 하다 더욱 활발하게 활동하기 위해 중국으로 떠났다. 이후 중국에서 우리나라 최초의 여성 비행사 권기옥을 만나 결혼한 뒤 함께 활동하였다.

– 중국에 있던 임시정부에서 다양한 역할을 맡으며 독립운동을 했다.

–해방 후 귀국하지 않고 중국에 있는 동포들의 귀국을 도왔다.

《왜 알아야해?》
이상정은 당대 신학문을 연구한 지식인으로서 학생들을 가르치는 것에 더해 대구 최초의 서양화가로서 예술 발전에도 이바지하였다. 또한 중국의 군대에서 군인으로 종사하고 임시정부에서 의원으로 활동하며 독립운동에 투신하였다. 그는 독립 이후에도 한국 동포들을 위해 끝까지 일하다 별세하였다. 그의 인생을 통해 우리는 국가와 미래의 자손들을 위해 자신을 바치는 희생정신의 가치를 배울 수 있고, 자만하지 않고 끝까지 노력하는 꾸준함과 열정을 배울 수 있다.

이상화(1901. 4. 5. ~ 1943. 4. 25)

#독립운동가 #이상화 #저항시인 #이상정의 동생

"빼앗긴 들에도 봄은 오는가"

- 대구 출생으로 일찍이 17살부터 독립을 위한 시를 썼다.

- 1919년 계성학교학생들과 연락책으로 활동하며 3.1운동에 이바지하였다.

- 대표작으로는 「나의 침실로」, 「빼앗긴 들에도 봄은 오는가」, 「이중의 사망」이 있다.

우리나라에서 열리는 동계올림픽에 전국이 들떠 있을 무렵, 가족 모두 모여 경기를 시청하는 중에 영주가 나에게 말했다.

"오빠, 이상화 선수 봤어? 진짜 대단해. 메달 땄어! "

영주가 기쁜 표정을 지었다. 난 말했다.

"응 대단하다. 우리나라를 전 세계에 널리 알리고, 멋있어."

그리고 덧붙였다.

"영주야 근데 그거 알아? 우리가 기억해야 할 인물 중에 이상화라는 사람이 한 분 더 있으시다?"

"응? 그게 누군데? "

"너 이상화 시인에 대해서 들어본 적 있어?"

영주는 고개를 절레절레 저었다.

"그럼, 들어 볼 생각은 있어?"

영주는 영 내키지는 않는 듯 보였지만, 나의 한껏 설렌 표정에 어쩔 수 없다는 듯이 알겠다고 답하였다.

"그럼, 먼저 이상화 시인의 대표 작품들을 한번 찾아보자."

난 얼른 방으로 가, 전에 넣어 두었던 시인의 시집을 꺼내 들었다.

"우아! 오빠 그건 또 언제 준비했어? 신기하네"

"이런 게 바로 오빠지!"

난 자랑스레 대답했다.

그리고 영주와 함께 나란히 앉아 책을 펼쳐보기 시작했다.

"이 시는 어때?"

나는 시집에서 '빼앗긴 들에도 봄은 오는가'를 가리키며 말했다.

영주는 눈을 찌푸리며 말했다.

"으음… 너무 길어. 지루할 것 같아."

난 영주를 달래며 말했다.

"아냐, 영주야. 우리 한 번 같이 읽어보자. 하나하나 천천히 낭독하다 보면 분명 재미있을 거야."

지금은 남의 땅 – 빼앗긴 들에도 봄은 오는가?

나는 온몸에 햇살을 받고

푸른 하늘 푸른 들이 맞붙은 곳으로

가르마 같은 논길을 따라 꿈 속을 가듯 걸어만 간다.

〈중략〉

"어때, 천천히 시를 느끼며 읽어보니 새롭지 않아? "

"응! 엄청 새롭다. 더 재미있는 것 같기도 해. 그래도 나한테는 너무 어려운 거 같아."

"괜찮아! 내가 설명해 줄게."

"이 시는 1926년에 쓴 작품이야. 일제에 대한 저항의식과 조국에 대한 사랑을 절실하게 노래하고 있는 작품이지."

"어? 그러면 이 분도 혹시 독립운동가야?"

"내가 말 안 했었나? 이상화 선생님도 일본에 저항하는 글을 쓰신 저항 시인이셔."

나와 영주는 그날 밤늦게까지 시에 빠져 시간을 보냈다.

그로부터 몇 주 후 나와 영주는 함께 이상화 시인의 고택을 찾아가 보기로 하였다. 자랑스럽게도 우리가 사는 지역, 대구에서 나시고 생의 마지막을 대구에서 보내셨기에 고택은 쉽게 찾아갈 수 있었다.

동생과 함께 버스를 타고 찾아가는 길, 우리 지역에 이렇게 대단한 위인이 있었다는 사실을 다시 한 번 알게 되었다.

이상화 고택에 도착해 동생과 감탄하며 천천히 살펴보는 중 한 할아버지께서 다가오셨다. 그리고는 말했다.

"어린 친구들, 혹시 이상화에 대해 들어본 적이 있는가?"

우리는 놀라 대답했다.

"저흰 이상화 시인의 고택을 구경하고 싶어서 찾아왔어요! 근데, 혹시 누구세요?"

할아버지께서는 인자한 웃음을 지으시며 천천히 말씀하셨다.

"그럼, 이상화 시인에 대해 자세히 들어보련?"

우리는 갑작스러운 상황에 당황하였지만, 한편으로는 설레는 마음에 고개를 천천히 끄덕였다.

"시인께서는 대구에서 태어나셨지. 그는 17살에 학교를 자퇴하고 일제에 대한 민족 저항시를 발표하실 만큼 투철한 독립정신을 가지고 계셨단다. 1919년에는 계성학교 학생들의 연락책으로 활약하며 3.1운동에 참여하셨지. 그 이후에도 일제에 대한 저항을 담은 시를 쓰시며 꾸준히 활동하셨단다."

우리는 그 이야기에 압도되었다.

"너희를 보니 시인과 그의 형 이상정이 떠오르는구나."

영주가 놀라며 대답했다.

"정말요?"

"그렇단다. 위로는 형 이상정, 아래로는 이상백, 이상오가 있었어.
마찬가지로 모두 독립운동가셨지."

우리는 처음 안 사실에 신기하면서도 우리와 같은 가족이라는 생각에 서로를 바라보며 얼떨떨한 웃음을 지었다.

"음, 그럼 얘들아 대구에 있는 이상화, 이상정 묘소에 가보는 것은 어떠니? 큰 경험이 될 게야."

우리는 크게 대답했다

"네! 감사해요, 할아버지!"

그리고 며칠 뒤, 우리는 엄마 아빠의 손을 잡고 이상화, 이상정 묘소에 찾아가기로 하였다.

출발하기 전날 밤 영주가 나에게 물었다.

"오빠, 오빠는 왜 이렇게 독립운동가분들을 좋아하고 찾아가려는 거야?"

난 이유를 명확히 알려주기 위해 잠시 생각했다.

"영주야, 그럼 넌 왜 나처럼 독립운동가분들에 대해 알고 싶은 거야?"

영주는 기다렸단 듯이 말했다.

"그야 당연히 우리가 알아야 하고 기억해야 하니깐, 그렇지?"

난 미소를 지으며 말했다.

"응, 바로 그거야 오빠가 이러는 이유도 별거 없어. 그저 너처럼 독립운동가분들을 기억하고, 지금이라도 함께하고 싶은 마음에 이러는 거야."

우린 그 순간 서로를 바라보며 함박웃음을 지었다.

다음 날 우린 함께 이상화, 이상정 묘소에 갔다.

그다지 특별한 건 없었지만, 누구나 느낄 수 있는 색다른 느낌이 있는 곳이었다.

"오빠, 여기 왜 이렇게 초라해?"

슬픈 얼굴로 묻는 영주를 보며 나는 아무 말도 할 수 없었다.

우린 그곳을 그저 바라만 보았지만, 서로 같은 생각을 했음은 분명하다.

영주의 성적표가 나오는 날이었다. 어떤 성적을 받아올지 궁금했다.

"오빠! 나 시험 성취도 다 A 받았어!"

영주는 현관에서부터 고래고래 소리치며 거실로 왔다. 정말 모든 과목이 A였다.

"영주 너, 대단한데?"

히히거리며 웃는 영주의 얼굴에 이상정 선생의 이미지가 겹쳤다.

"너처럼 모든 과목을 다 잘하셨던 독립운동가가 있는데 누군지 아니?"

입을 열고나서야 내가 비자의적인 물음을 하고 있다는 사실을 깨달았다.

"나처럼 모든 과목을 잘했다고? 그게 누구야?"

다행히도 영주는 궁금하다는 듯 갸웃거렸다.

"이상정 선생님이라고, 화가이면서 학자, 교사, 군인으로도 지내셨어."

"어? 그걸 한 사람이 다 했다고?"

영주가 상기된 목소리로 물었다.

"맞아. 신기하지? 그럼, 이분에 대해 들어볼래?"

"그런 분 이야기는 당연히 들어봐야지!"

나는 인터넷으로 이상정 선생님의 모습을 찾아 영주에게 보여주었다.

"이분이 바로 이상정 선생님이야."

"어어, 이렇게 생기셨구나."

"선생님은 1897년 대구에서 이시우의 맏아들로 태어나셨어. 형제로는 저번에 얘기해줬던 이상화 선생님과 다양한 학문에서 활약하신 이상백 선생님, 이상오 선생님이 계셔."

"이상화 선생님은 기억나!"

"영주 제법인데? 이상화 선생님도 독립을 위한 시를 쓰셨던 거 기억나지? 이상정 선생님 역시 시에 관심이 많으셔서 '개벽'이라는 잡지에 작품이 실리기도 했어."

"형제가 둘 다 시인이셨구나!"

"맞아, 이제 선생님의 어린 시절에 대해 알아볼까? 선생님은 어린 나이에 아버지를 여의고 큰아버지 밑에서 자랐어. 선생님은 큰아버지가 설립한 우현서루에서 공부를 하셨어."

"우현서루? 학교 같은 거야?"

"다양한 책을 비치하고 인재들을 교육한 기숙사 같은 곳이야. 선생님은 어릴 적부터 이곳에서 사셨어. 그래서 공부가 익숙했지. 기록을 보면 선생님은 시서화에 능통하시고 중국의 유명한 산문들을 줄줄 외울 정도로 똑똑하셨대."

"산문이면 엄청 긴 글 아니야? 그걸 어떻게 다 외워?"

"수련의 결과라고 볼 수 있지. 정말 대단하시지?"

영주는 고개를 끄덕거렸다.

"시간이 지나 선생님은 신학문에 호기심을 느끼셨어. 그래서 선생님은 1910년경에 일본 유학을 가시게 돼. 그 후 약 5년간 일본에서 역사학, 미술, 상업, 군사학 등을 배우셨다고 해."

영주가 의아한 듯 물었다.

"근데 신학문은 안 배우신 거야?"

"역사학이나 미술, 상업 같은 학문이 신학문이었어. 그 전까지의 학문은 중국의 시나 산문을 공부하는 것이 대부분이었거든."

"아, 그런 거구나."

"유학을 마치고 우리나라로 돌아오신 선생님은 계성학교에서 3년간 미술 교사로 근무하셨어. 대구에서 최초로 서양화 개인 전람회를 개최하면서 새로운 길을 역시 개척하셨지."

나는 선생님이 지으신 〈청람인보〉의 사진을 인터넷에서 찾아 영주에게 보여주었다.

"여기 도장이랑 글자들 보이지? 이건 선생님이 도장을 통해 자신의 이름을 다양한 방법으로 표현한 작품이야. 이처럼 선생님은 당대의 화가들이 시도해보지 않은 것들로 문화계에 신선한 충격을 주셨어."

영주가 글자들을 잠시 들여다보더니 자신 있게 말했다.

"생각해보니까 나 한자를 하나도 몰라. 히히."

역시 영주다.

"또 선생님은 계성학교 말고도 서울 경신학교, 정주 오산학교에서 교사로 근무하셨어. 그렇게 다양한 활동을 하며 지내던 선생님에게 위기가 닥치게 돼. 이상정 선생님은 용진단이라는 단체의 위원장으로 계셨는데, 이 단체는 사회주의적 성향이 강한 단체였어. 영주 너, 사회주의가 뭔지 아니?"

"그게 뭔데?"

"간단하게 말하면 농민·노동자 계급이 자본가 계층에 대항하고 모든 계층이 평등하게 살아가기를 바라던 정치사상이야. 사회주의 단체들은 식민 지배를 강하게 비판했고, 그로 인해 일제의 압박을 받았어. 일제는 치안유지법이라는 법까지 만들어 사회주의자들을 체포했어. 용진단의 단원들 역시 체포 대상이었지. 조금씩 수사망을 좁혀오고 있었고, 이에 선생님은 일제의 탄압에서 벗어난 더 자유로운 독립운동을 위해 중국으로 떠나기로 결심하셨어."

 "유학 이후 두 번째 떠나는 거네. 선생님 슬프셨겠다."

 "이번엔 기약 없는 떠남이어서 아마 더 슬프셨을 거야. 선생님께서 쓰신 '남대문 역에서'라는 시조에서 잘 드러나. 한 번 같이 읽어볼까?"

　　이 속에 타는 불은 저 님은 모르시고
　　서운히 가는 뒷모습 애석히 눈에 박혀
　　이따금 샘솟는 눈물 걷잡을 줄 없어라

 "만주로 망명하신 선생님은 만주 하얼빈 지역 부근에 있는 한국인 학교에서 다시 교사 생활을 하셨어. 이때 선생님은 만주에 있는 학교 시설을 굉장히 안타까워하셨는데, 선생님의 원고에 이 내용이 자세히 기록되어 있어. 건물이나 운동장, 그리고 다른 내부 시설들이 너무나도 낡아 있었고, 교과서나 참고서 역시 각기 달랐었다고 해."

 "독립운동하려고 가족들까지 놔두고 중국으로 갔는데 그런 상황이라니… 너무 안타까워."

"자, 이거 먹으면서 들어. 기분이 나아질 거야. 그렇게 3년 정도 교사로 생활하다가 선생님은 군인이 되셔. 이때 결혼도 하신다?"

영주는 초콜릿을 먹고 한층 나아진 표정으로 내 이야기에 귀 기울였다.

"선생님은 펑위샹이라는 군인 밑에서 참모로 일하시게 돼. 참모는 작전을 계획하는 사람이야. 이렇게 참모로 일하시던 선생님은 우리나라 최초의 여성 비행사이신 권기옥 선생님을 만나 인연을 쌓고 결혼하신 거야."

"권기옥 선생님! 이름이 떠올라!"

"맞아, 기억하네. 이후 두 분은 난징으로 발령받아 과수원 안에 작은 집을 짓고 지내셨어. 이상정 선생님의 원고들도 이 시기에 많이 쓰였다고 해."

"그러면 이때는 독립운동은 안 하셨던 거야?"

"이땐 독립운동보다는 주변 유적지들을 찾아가 답사 기록을 많이 쓰셨다고 해. 선생님이 본격적으로 독립운동을 하신 1932년부터의 자료들은 거의 남아 있지 않다고 해."

"아쉽다, 독립운동일지 같은 게 있으면 정말 좋았을 텐데."

나는 독립운동에 대해서도 관심 갖는 영주가 기특해 보였다.

"1940년대부터 선생님은 대한민국 임시정부에서 적극적으로 활동하셨어. 1942년에는 임시정부에서 외교를 맡는 외무부 외교연구위원으로 선임되셨고, 두 달 뒤인 10월에는 경상도 지역 의정원 의원에 선출되셔. 의정원 의원은 현재의 국회의원과 비슷하다고 보면 돼. 또 군인으로 육군참모학교와 유격대훈련학교에서도 일하시면서 동시에 임시정부 활동까지 하신 거야!"

"와, 정말 몸이 열 개여도 모자라겠어!"

"이후 선생님은 '신한민주당'이라는 정당을 만드는 데에도 힘쓰셨어. 그리고 몇 달 후, 우리 민족 모두가 그리던 광복이 이루어졌어. 하지만 광복 이후에도 선생님은 곧바로 귀국하지 않고 중국에 있는 동포들의 귀국을 위해 활동하셨어.

그러다 1947년 9월에 귀국하셨어. 하지만 한 달 뒤 선생님은 대한민국이 건국되는 것을 보지 못하시고 뇌일혈로 사망하시게 돼. 선생님의 영결식은 선생님이 교사로 재직하셨던 계성학교에서 이루어졌어."

영주도 나도 고개를 숙일 수밖에 없었다. 새 나라를 보지 못한 독립운동가들이 얼마나 많은가. 언젠가 인터넷에서 이상정 선생을 '숨은 공로자'로 소개했다. 그때 처음 선생에 대해 알았다. 이름 모를 수많은 독립투사가 지하에 묻혔다.

모든 무명의 공로자가 유명해지는 그날까지 너에게 들려주고픈 이야기를 끝내지 않아야겠다.

이상정 O/X 퀴즈

1. 이상정은 화가, 학자, 교사, 군인 등의 다양한 직업에 종사하였다. (   )

2. 이상정은 직접 쓴 시는 세상에 공개되지 않았다. (   )

3. 이상정은 임시정부에서 의정원 의원, 외무부 외교연구위원의 활
   동을 하였다. (   )

이상화 O/X 퀴즈

1. 이상화는 대구 출신이다. (   )

2. 이상화는 외동이다. (   )

3. 3.1운동에는 참여하지 않았다. (   )

※ 정답은 98페이지에서 확인하실 수 있습니다.

그리고
기억해야 할 그들

백용성 – 승려 출신 독립운동가

우리 학교는 불교종립학교이다. 매월 월초불공사가 있고 학교에는 법당이 있다. 동생 영주는 이 사실을 많이 신기해한다.

"오빠, 오빠 학교는 스님 학교야?"

내가 웃으며 얘기한다.

"영주야, 스님 학교가 아니라, 종립 학교야. 학교 운영을 위한 재산과 각종 사무는 불교 재단에서 진행해. 우리 학교는 진각종에서 지은 학교야. 진각종에서 지었지만 불교를 반드시 믿으라고 강요하지도 않고 학교 행사할 때 맨 처음에 불사하는 정도?"

"오, 그래도 멋있어."

"아 그래서 말인데 영주야, 독립운동가가 한 분 생각났어. 너 백용성 스님 알아?"

"으음… 민족대표 33인 중에 한 명 아니야?"

"오! 그럼 더 설명해줄 테니까 지금부터 잘 들어봐."

"응!"

"사실 불교계 민족대표는 2명인데, 한용운이라고 승려이면서 시인이셨어. 백용성 스님과 함께 독립선언서에 서명을 하고 자진 체포당했어. 징역 3년을 선고받고 출소 후 저항 문학에 앞장섰어. 대표적인 작품 〈님의 침묵〉을 알아?"

"'아아, 사랑하는 나의 님은 갔습니다' 이거 아니야?"

"맞아 맞아. 님은 부처님이라는 뜻인데, 독립운동에 참여해 달라는 부탁에는 침묵한 채, 참선만 하고 앉아 있는 백용성의 모습에 대해 쓴 것이라고도 해. 물론 해석에 따라 달라지겠지만… 어쨌든 다시 백용성 스님으로 넘어와서, 백용성 스님은 3.1운동의 중심인물이라고 볼 수 있어."

"어째서? 만세운동을 한 건 시민들이잖아?"

"백용성 스님은 민족대표 30명을 모으는 데 크게 기여를 하신 분이야. 한용운 스님은 홍보를 하고 백용성 스님은 종교계 지도자들을 만나면서 설득하러 다녔어."

나는 이야기를 이어갔다.

"3.1운동 도중에도 선언문 낭독 후에 가는 건 국민들의 지지를 끌어내기 어려울 거라 생각하셔서 종로경찰서에 자진신고하게 돼. 3.1운동이 끝나고 나서 대각사라는 절을 만드셔서 운영하기도 하고, 한반도와

만주 지역에 과수원, 농장을 운영하면서 독립운동지원금을 조달하셨어. 상하이 임시정부에 불상, 불교와 관련된 유물을 보낸다고 가장하고 독립운동자금을 보냈어. 감옥에 있을 때는 한글 성경을 들고 있는 목사님들을 보고 놀라서 출소하자마자 최초로 한글판 금강경(불교도서의 일종)을 번역하셨어.”

　“나는 스님들은 불상 보고 절만 하는 줄 알았는데, 독립운동을 위해서 다양한 일을 하셨구나.”

　“그치, 또 불교의 기강을 잡기 위해 믿음을 위한 규율을 규정화할 것을 계속 건의했어. 조선총독부에는 승려가 결혼하는 것과 육식을 금지하는 것을 내용으로 담은 건의서를 여러 번 제출했어.”

현계옥 – 기생 출신 독립운동가

　영주와 권기옥 선생님의 이야기를 하던 도중 영주가 다른 여자 독립운동가분은 누가 있는지 궁금해 하였다.

　난 기다렸다는 듯이 대답했다.

　“영주야 현계옥 선생님에 대해 들어 본 적 있어?”

　영주는 전혀 모르는 눈치였다.

　“그럼 내가 설명해줄게 잘 들어봐.”

　“현계옥 선생님은 경남 밀양에서 태어나셨고 기생이셨어.”

　“기생이 뭔데??“

영주가 물었다.

"기생이란 잔치나 술자리에서 노래나 춤으로 흥을 돋우는 것을 직업으로 하는 여자를 말해."

"음 그렇구나."

"현계옥 선생님은 대구기생조합에 속한 기생으로 살아가면서 독립운동가 현정건 선생님과 결혼하셨어. 그리고 상하이에서 서울로 잠입했던 현정건과 약속하여 만주로 이동해서 의열단에 가입하셨지."

영주는 또 의아해하며 물었다.

"의열단이 뭐야??"

"의열단은 '맹렬하게 정의를 위해 싸우는 단체'라는 뜻이야. 그리고 또 현계옥 선생님은 국내에서 의열 투쟁을 하시기 위한 '황옥사건'에 연루되셨어. 이후 현정건이 3년간 옥살이를 하다 출옥한 후 곧 순국하자 러시아로 망명하신 이후 현계옥 선생님의 행방은 알 수 없게 되었어."

"소식을 알 수 없는 건 안타깝네."

"다른 여성 독립운동가에 대해 더 알게 되니 어때?"

영주는 신기하다는 듯 대답하였다.

"대구에 이렇게 대단하신 독립운동가분이 계신다는 것도 뿌듯하고 당시 차별받았던 여성과 기생이라는 신분으로 독립운동을 하셨다는 것이 너무 대단하신 것 같아."

난 영주와 다시 한 번 독립운동가분들의 업적을 생각할 수 있었다.

II.
너에게
알려주고픈
그 곳

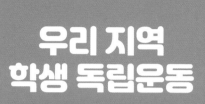

우리 지역
학생 독립운동

어느 날 영주가 학교에 다녀오며 말했다.

"아 학교 너무 힘들다. 대한민국 학생으로 살아가는 건 정말 힘든 것 같아. 아직 이런 공부를 하기엔 우리는 너무 어린 거 아냐?"

난 영주가 귀엽기도 했지만 한편으로는 불쌍하다는 생각이 들었다 나 또한 공감하기 때문에. 대한민국에서 학생의 삶에선 공부 외의 다른 재미있는 것들이 배제된다. 하지만 영주에게 과거 학생 독립운동가분들에 대해서 소개해준다면 영주에게 학생도 할 수 있단 생각을 심어줄수 있을 것이었다.

"영주야, 일제강점기에 우리 학생들이 독립운동에 참여했던 거 알아?"

영주가 놀란 표정으로 물었다.

"진짜? 학생들도 독립운동에 참여했었어?"

"응. 학생들도 우리나라를 위해 열심히 싸웠어. 같이 알아보자!"

"응, 그러자!"

다음 날 난 동생과 태극단 투쟁지로 향했다.

"오빠, 여기가 어디야? 태극단 학생독립운동기념비라고 적혀 있네."

"응 여기는 옛날에 독립운동단체로 조직되었던 태극단을 기념하기 위해 지어진 곳이야."

"그렇구나. 근데 태극단이 뭐야?"

"태극단은 이상호, 서상교, 김상길 등이 결성한 비밀 결사야. 일본군 입대 반대 유인물 배포, 독립정신 고취를 위한 학술연구 토론회 개최, 군사 서적 번역 등등 우리나라의 독립을 위한 활동을 계속했어."

영주는 놀란 표정을 지으며 말했다.

"우아 대단하다! 근데 태극단이 학생이랑 무슨 상관이야?"

"태극단은 사실 대구상업학교 학생들이 설립한 단체야."

영주는 허, 하고 놀란 표정을 지었다.

"하지만 안타까운 부분도 있어. 이 태극단의 활동은 비밀이어서 전혀 알려지지 않았고 우리나라가 독립을 이루고도 한참 뒤인 1963년에야 우리에게 알려졌어."

"그랬구나. 그럼 지금이라도 기억해야지!"

"응 나도 그렇게 생각해. 하지만 대구상업학교 건물 중 한 채만 남아 있는 중구의 태극단 투쟁의 현장에는 독립운동과 관련해서 아무 기록도 적혀 있지 않아. 기억할 수 있는 게 별로 없는 거야."

영주의 표정이 어두워졌다. 하지만 기억에 대한 의지는 확고히 생긴 것 같았다.

다음으로 우리는 3.1운동길 90계단으로 출발했다. 계단이 길게 이어져 있었다.

"오빠, 여기는 계단이 엄청 길다. 올라가기 싫어. 힘들 것 같아."

난 영주를 보며 말했다.

"영주야, 이건 그냥 계단이 아니야. 이 계단은 당시 3.1만세운동을 준비하던 학생들이 일본군의 감시를 피해 서문시장으로 가기 위해 지나다녔던 솔밭길이야. 큰 의미가 있는 거지."

영주는 아까와는 달라진 표정으로 계단을 올려다 보았다.

"그런 의미가 있었구나. 그걸 알고 보니 이 계단이 더 의미 있어 보여."

"영주야 그럼, 이제 올라가 볼까?"

영주와 나는 천천히 계단을 하나하나 오르기 시작했다. 걸음걸음 차오르는 숨에 일제에 저항하던 학생들의 모습이 떠올랐다.

곧이어 우리는 옛 계성학교에 도착했다. 처음 간 곳은 '아담스관'이었다.

"영주야 여기는 아담스관이야. 여기 지하에서 계성학교 교사와 학생들이 독립선언문을 쓰고 태극기를 만들었어."

영주가 신기하다는 듯이 어, 하며 고갤 끄덕였다.

"철시 투쟁이라고 들어 봤어?"

영주는 고개를 저었다.

"그럼 내가 알려 줄게. 철시 투쟁은 3.1운동을 지지했던 상인들의 항일 운동이야. 계성학교 학생 김수길이 만세운동을 계획했는데, 이것이 실패하자 대구 시내 상인들에게 철시 투쟁을 제안하는 유인물을 뿌렸어. 이런 철시 투쟁은 계속해서 일본 군인에 의해 실패하였지만, 우리 민족에게 큰 용기를 주었지."

영주가 물었다.

"근데, 김수길의 만세운동은 왜 실패한 거야?"

"어어, 왜냐하면 일본 편에 서서 우리 비밀을 빼간 사람 때문에 만세운동에 대한 기밀이 누설됐거든."

영주는 충격을 받아서 말했다.

"우리나라 사람이 왜 같은 편을 배신하는 거야. 완전 나쁘다."

"그땐 일본의 편을 들면 돈과 명예를 얻을 수 있었어. 유혹에 넘어간 사람이 많았던 거야."

"으으, 열 받아."

"그럴수록 우리나라를 위해 노력했던 학생들을 더 많이 기억하고 생각하자."

"응. 너무 멋있어. 나도 학생인데 아직 난 한 게 없네."

"영주야. 왜 그렇게 생각해? 네가 한 게 없긴 왜 없어."

"난 용기도 없고 똑똑하지도 않고, 또 그런 멋있는 일은 한 적이 없잖아."

"영주야, 난 이렇게 생각해. 우리가 꼭 독립운동가분들처럼 직접 나

서서 활동하고 큰일을 할 필요는 없어. 지금껏 열심히 돌아다녔고, 많이 들었으니 앞으로 그분들에 대해 기억한다면 그게 멋진 일인 거야."

영주는 끄덕이며, "오빠, 우리 이제 작은 독립운동가인 거야?"하고 물었다.

난 천천히 고개를 끄덕였다.

우리가 걷는 이 길
그들이 걸어온 그 길

〈학생독립운동기념일 맞이 독립운동 길 걷기 프로그램 후기〉

예현이 이야기

2022년 10월 10일, 쌀쌀한 가을바람이 부는 맑은 하늘 아래에서 독립운동가들의 발자취를 찾는 투어를 진행했다. 대구문화재단, 교남 YMCA, 이상화-이상정 고택과 3.1운동길까지 독립운동의 흔적을 돌아보며 많은 생각을 했던 것 같다. 이 글에서는 그때 내가 한 여러 생각을 써보고 싶다.

투어를 통해 느낀 첫 번째 생각은 외로움이다. 일제강점기 동안 많은 우리나라 사람들이 외로움을 느꼈을 것 같다. 독립운동을 하러 홀로 국외로 떠난 이의 외로움, 유가족들이 느꼈을 외로움. 무자비하게 희생되는 사람들을 보는 사람이 인생에 대해 회의하며 느꼈을 외로움. 이와 같은 다양한 형태의 외로움이 많은 사람을 억눌렀을 것이다. 길을 걸으며 그 외로움의 무게에 대해 생각하다 보니 그 무게를 감당해야만 했던 많은 사람에게 연민을 느끼면서도 그 존경심은 더욱 커졌다.

두 번째 들었던 생각은 자부심이다. 대구문화재단으로 향하는 길부터 3.1운동길의 계단에 이르기까지 많은 길을 걸었다. 아마 일제강점기 독립운동을 하던 사람들은 더 먼 거리를 걸었을 것이다. 그 길들을 걸으며 과거의 사람들도 나처럼 많은 자부심을 느꼈을 것 같다. 3.1운동에 관한 논의를 위해 교남 YMCA로, 걸어가면서, '대한독립만세'를 외치기 위해 3.1운동길로 걸어가면서, 독립을 위해 노력한다는 자부심은 감히 상상도 못 하겠다. 현재에 사는 나는 독립운동을 위해 투지를 불태우고 있지는 않지만, 그 길에서만큼은 나도 독립운동의 자부심을 느꼈다.

마지막으로 들었던 생각은 희망이다. 3.1운동이라는 큰 운동으로도 실패한 독립. 그로 인해 많은 사람들 이 좌절하고 실제로 친일파로 돌아선 사람도 많았다. 하지만 3.1운동을 통해 희망을 본 사람들은 끝까지 대한독립만세를 외쳤다.

이상화나 이상정 같은 독립운동가들 역시 많은 시련이 있었지만, 끝까지 포기하지 않아 희망을 보았다. 그 희망들이 쌓이고 쌓여 지금의 우리나라를 일구었다고 생각한다. 길들을 걸으며 간접적으로나마 그들의 희망을 느낄 수 있었다. 그렇게 길을 걸으며 희망이라는 단어의 힘을 알게 되었다. 먼 길을 걸으며 지치기도 했지만, 우리나라의 독립을 준비했던 사람들에 대한 감사함, 내가 가져야 할 삶의 자세에 대한 성찰도 할 수 있어 아주 뜻깊은 투어였다.

성주의 이야기

　10월 10일, 모처럼 찾아온 꿀 같은 휴일에 차디찬 바람을 맞기 싫단 생각을 하지 않았다면 그건 거짓말일 것이다. 나 또한 마음속으로는 쉬고 싶다는 생각이 간절했다. 그래서 처음에는 이상정 고택은 어차피 거쳐 가야 하므로 3.1운동길까지 빨리 갔다 오자는 생각이었다. 하지만 길을 걸으며 생각이 서서히 바뀌었다.

　먼저 대구문화재단에 갈 때 센트럴팰리스(아파트)를 지나갔다. 난 당연히 아파트 단지를 지나쳐서 다른 곳으로 갈 것이라 생각했는데, 그곳 안에 있는 것이었다. 현대의 아파트와 근대의 대구문화재단의 공존이 흥미로웠다.

　교남YMCA에 도착했을 때도 마찬가지였다. 평소에는 친구와 옷을 사거나 놀기 위해 방문하던 동성로를 지나 약령시에 이르니 교남YMCA가 있었다. 평소에는 있는지도 몰랐던 이곳에 도착해 들어가 구경해보니 YMCA 즉, 기독교 청년 단체에서 일제강점기에 진행했던 독립운동의 기록이 자세히 담겨있었다. 평소 YMCA의 뜻조차 몰랐던 나에게 교남YMCA는 큰 충격을 주었다.

　또 이상화, 이상정 고택에 도착하였다. 이상화 고택은 중학생일 때 한번 방문했었다. 그때는 그저 친구들과 재밌게 놀고 구경하였지만 이번엔 달랐다. 이번 방문에는 그전에 느끼지 못했던 복잡한 감정이 들어왔다. 이상화 시인에 대한 존경심과 내가 제대로 알지 못했다는 죄책

감, 슬픔 등의 감정이 벅차올랐다. 이상정 고택에 도착했을 때에도 큰 충격을 받았다. 고택이 있던 자리는 '바보주막'이라는 식당으로 바뀌어 있었다. 추운 바람 때문이었던 지도 모르지만 마음이 시렸다. 독립운동가의 삶의 흔적이 사라졌단 사실이 너무 속상했고, 나라도 이 사실을 기억해야겠다고 다짐했다.

그리고 마지막으로 3.1운동 길에 갔다. 그저 긴 계단처럼 보일 수 있는 이 계단은 과거 3.1운동을 진행한 계단이었다. 천천히 계단을 오르며 힘듦보다는 독립운동가분들에 대한 존경심이 점차 쌓였다.

결국 마지막에 집으로 돌아갈 땐 처음과는 완전히 반대되는 마음을 가지게 되었다. 춥고 쌀쌀한 날씨에도 마음은 뜨거웠고, 사람들에게 잊힌 독립운동가분들을 알릴 수 있도록 노력해야겠다고 다짐했다.

디마의 이야기

10월 10일, 가을이 제대로 왔다는 것을 알려주듯이 날씨는 매우 추웠다. 우리는 경대병원역에서 모여 대구 시내에 있는 역사 장소를 찾기 위한 답사를 떠났다. 센트럴팰리스 아파트 단지 안에 역사 장소가 있다고 들었다. 아파트 건물은 대구 도심에 위치해 있고 비교적 최근에 지어진 아파트라 답사를 계획하기 전에는 이 안에 그런 곳이 있을 거라고는 생각도 못 했다. 아파트 단지(옛 대구상업학교 터)를 조금 걷다 보니 예스러운 건물이 보였다. 안내 표지판을 세심히 읽어보았다. 대구상업학교의 본관이었다. 대구상업학교는 1923년 일본인이 대구 지역 실업인 양성을 위해 건립한 학교이며, 대구 근대 상업 교육의 근원지라 봐도 무방하다. 내부는 닫혀 있어 들어가 보지 못했다. 현재는 대구문화재단이 소유하고 있다. 우리는 타 동아리 친구 한 명을 데리고 가 답사지 곳곳을 설명해주었다. 센트럴팰리스 아파트 바로 앞에는 경북대학교사범대학부설고등학교가 위치해 있다. 학교에 역사관이 있는데 어떻게 생겼는지 궁금해서 학교 내부로 들어갔다. 대구사범학교의 강당이었던 곳이 역사관으로 사용되고 있다고 알고 있었는데 현재는 사대부고 배구부 훈련 강당으로 사용되고 있다. 체육 시설의 결을 이어갔다는 점이 신기했다.

우리는 다음 장소로 이동했다. 사대부고가 있는 곳에서 도보로 5분 정도 가면 삼덕교회가 있다. 삼덕교회는 옛 대구형무소의 옛터에 지어진 교회이다. 대구형무소는 1908년 '대구 감옥'이라는 이름으로 문을 열었다. 1923년 조선총독부령에 의거해 대구형무소로 개칭하였다. 일제강점기 당시에 복심법원(현재의 고등법원)이 한강 이남에는 대구에만 있었기에 경상도를 비롯한 충청도, 전라도 심지어 제주도의 독립운동가들까지 대구형무소에 갇혀야 했다. 삼덕교회는 2020년, 대구형무소 사형장 터가 있었던 이 자리에 예배당과 삼덕교회 60주년 기념관을 옮겨지었다. 대구시에서는 대구 시민의 휴식 공간 조성을 목적으로 삼덕교회 부지 내에 60평 정도의 공개 공지를 마련하였다. 이 자리에는 대구형무소 사적에 대한 안내판과 사진이 붙어있다. 벽돌로 만들어진 벽이 세워져 있는데, 벽돌에는 대구 독립투사의 이름이 새겨져 있다. 마침 태극기가 그려진 동아리 옷을 나누어 받아서 교회 벽 앞에 사진을 찍었다. 건물 내외에 작게나마 이육사 시인을 기리기 위한 동판이 조성이 되어있다는 게 엄청 좋았다. 학교에서 항일 시인으로 다루는 사람인데 내적 유대감이 좀 더 깊어진 거 같고, 안내표지판을 보면서 작품에 대해서 이해가 되지 않던 부분에 대한 간단한 궁금증도 해결할 수 있었다.

다음 장소는 교남 YMCA 건물이었다. 약령시 내에 위치해 있다. YMCA회관은 눈에 잘 띄지 않아 철거를 피할 수 있었다고 한다. YMCA는 일종의 기독교청년회로서 시민종교단체였는데 독립운동을 적극적으로 비밀리에 도왔다. 대구의 대표적인 항일단체인 신간회가 이곳에서 활동하였고, 대구의 3.1운동 계획도 YMCA회관에서 의논되었다고 한다. 청년들을 계몽하기 위한 강연회, 수업 등을 열기도 했었다. 현재는 기념관이 되었는데, 내부에는 독립운동의 각종 판결문, 일제강점기 당시의 물품, YMCA 활동에 대한 자료가 전시되어 있다.

특히 2층에는 '모임지붕'이라고 해서 15평정도 되는 넓은 공간이 있다. 이 공간에서 비밀리에 독립운동 활동을 한 듯하다. 건축 당시 모습 그대로 보존된 게 매우 신기했다. 바닥부터 벽돌, 천장에 있는 나무 기둥 심지어 창문까지 모두 옛날 모습 그대로 보존되어 있어 기분이 묘했다.

이제 우리는 독립운동가들의 고택을 방문하러 갔다. 이상정 장군의 고택에 먼저 갔는데. 웬 음식점이 있는 것이다. 분명 외관은 생가처럼 생겼는데, 안에는 '바보주막'라는 이름의 음식점이다. 그래도 마당 밖에는 이상정 장군에 대한 소개가 길게 있다. 이상정 장군은 중국군에 복무하거나 대한민국 임시정부에 참여하여 활약하였다. 이상정의 동생은 우리가 잘 아는 이상화 시인이다. 해방공간에서 그의 뜻을 펼치며 활동할 기회가 없던 것은 아쉬운 일이었다. 해외에서 활동해서 사람들에게 잘 알려지지 않은 점이 좀 슬프다. 몇 걸음 안 가 이상정의 동생 이상화의 고택과 서상돈의 고택이 있었다. 고택 앞에는 관광사무소가 있었고 그곳의 문화해설사 분이 고택에 대해 설명해 주셨다. 이상화는 대표적인 항일시인이었고, 미술에도 관심이 많았다고 한다. 이상화 시인이 임종한 방을 보여주셨는데 안에는 각종 소품들이 있었다.

그리고 서상돈 고택으로 넘어갔는데. 자꾸 소음이 들렸다. 알고 보니 바로 앞에 아파트가 있었다. 문화해설사 선생님께서 이 아파트를 세울 때 고택을 남겨놓는 대신 고택 바로 밑에 지하 주차장을 만들었다고 알려주셨다. 서상돈 선생님은 국채보상운동의 주도자이다. 당시 조선에는 1300만 원의 빚이 있었다. 이는 1년 예산에 맞먹는 돈이었다. 서상돈 선생님이 사비 800만 원을 내고 나머지 500만 원을 갚기 위한 운동을 전개하였다. 담뱃값을 아껴 빚을 갚자는 문구가 있는데 이는 담뱃값을 아끼자는 취지도 있지만, 담배를 구매할수록 일본에 세금이 넘어가기 때문에 세금 유출을 막기 위함도 있었다고 한다.

　　솔직히 조금 외진 곳에 있어 사람들이 오지 않을 거라 생각했다. 하지만 내가 놀란 점은 사람들이 계속 온다는 것이었다. 20대 커플 한 쌍이 고택에 들어와 이상화 시인과 서상돈 선생님에 대한 대화를 나누는데, 아무리 역사를 잊어간다고 하지만, 기억하는 사람들은 계속 기억하려고 노력한다는 것을 느꼈다. 역사는 흐르고, 우리가 그 역사의 일부가 되며 앞으로의 역사는 우리가 써나가는 것이기에 선인들의 정신을 계승할 필요성을 느꼈다. 지금 지구 반대편에서는 수천 명의 사람이 전쟁 속에 죽어가고 있다. 아픈 역사가 반복되는 거 같아 걱정스럽기도 하다.

1. 삼덕교회

위치 : 대구 중구 공평로4길 11, 경대병원역 1번 출구에서 394m

역사적 의미 : 옛 대구형무소 터이다. 대구형무소는 한강 이남 최대 규모였
　　　　　　으며, 3·1운동 시기엔 5천여 명을 수감했었다. 이육사도 대구
　　　　　　형무소에 수감되었었다.

주변 맛집 : 삼오리분식하우스, 만재네 종로점

독립네컷 : 교회 앞 이육사 시인 동상과 대구형무소의 역사를 알려주는 표지
　　　　　판, 그 앞의 벽돌 담장

2. 교남 YMCA 회관

위치 : 대구 중구 남성로 22, 반월당역 18번 출구에서 357m

역사적 의미 : 1914년 건립돼 학생들의 공부와 강연을 위한 공간으로 사용
　　　　　　되었으며, 독립운동 지도자들의 모임 공간이자 물산장려운동,

기독교 농촌운동, 신간회 운동 등 기독교 민족운동의 거점이
었다.

주변 맛집 : 삐에뜨라

독립네컷 : 교남 YMCA 회관 주변 건물 2층의 한반도 모형

3. 바보주막

위치 : 대구 중구 약령길 25-1, 반월당역 18번 출구에서 300m

역사적 의미 : 이상정 장군의 고택이 있던 곳. 그가 중국으로 떠나기 전 몇
년간 머물렀던 공간이라고 한다.

주변 맛집 : 바보주막

독립네컷 : 건물 앞의 이상정에 관한 안내판

4. 이상화 고택

위치 : 대구 중구 서성로 6-1, 반월당역 18번 출구에서 284m

역사적 의미 : 이상화 시인이 말년을 보낸 곳으로, 이곳에서 이상화 시인의
마지막 시인 '서러운 해조'가 집필되었다.

주변 맛집 : 바보주막

독립네컷 : 이상화 고택은 어디에서든 웬만큼 좋은 사진을 얻을 수 있다. 그
중에 고르자면 고택 밖의 이상화 등신대와 바로 옆의 계산예가
등이 특히 좋다.

대구문화재단

대구형무소 터

교남YMCA

이상정-이상화 고택

3.1운동길

에필로그

배예현

안녕하세요. 이번 책 쓰기 동아리에서 글을 쓰게 된 배예현이라고
합니다.

혹시 이 글을 읽는 독자님들은 독립운동가에 대해 얼마나 알고 계
신가요? 많이 아시는 분도, 잘 모르시는 분들도 계실 겁니다. 누군가가
저에게 이 질문을 한다면 솔직한 저의 대답은 No입니다. 저는 어릴 적
부터 역사에 흥미를 남들보다 많이 가졌습니다. 역사 만화나 인터넷,
학교 수업 등등 여러 매체를 통해 역사를 배우며 자연스레 역사 교사의
꿈을 키우게 되었습니다. 그래서 역사 지식에 대한 자신감도 좀 있었고
요. 그러나 이번에 책 쓰기 동아리를 통해 그 자신감이 소위 말하는 '근
자감'이었다는 것을 깨닫게 되었습니다.

책을 쓰기 위해 독립운동가를 찾으며 우리나라에 제 생각보다 훨씬
많은 독립운동가분들이 있으셨고 그분들이 어떻게 투쟁하고 희생하셨
는지 알게 되었습니다. 또한 경찰에 발각되지 않기 위해 본인들의 흔적
을 남기지 않으셨단 사실을 듣고는 충격도 받았습니다. 그렇게 더 조사
하다 보니 어느새 독립운동가분들을 위해 무엇을 할 수 있을지에 대한
고민이 저의 무지함에 대한 자책보다 더 커진 것 같습니다.

여러분은 독립운동가를 위해 어떤 일을 할 수 있을 것 같으신가요? 저는 그분들을 기억하며 그분들의 아픔과 독립을 향한 열정을 끊임없이 되새기는 것이 그들을 위해 현시대의 우리가 할 수 있는 것이라 생각합니다. 그런 생각이 이 글을 쓰는데 동기가 되고 이 글의 주제가 되었습니다. 보잘것없는 글솜씨이지만 이 책을 통해 여러분이 한 분의 독립운동가라도 더 기억하셨으면 좋겠습니다.

디마

안녕하세요? 심인고등학교 학생 저자 디마입니다. 저는 외국 국적으로 한국에서 3살부터 살아온 외국인 고등학생입니다. 학교에서는 리더십이 많은 2학년 학생회장으로서 학년 전반을 이끌고 이 책을 작성하는 동아리에서도 부장을 맡았습니다. 학교 한국사 시험에서는 100점을 거의 놓치지 않았고요, 가끔 보면 제 친구들과 저는 그 어느 부분에서도 괴리감이 없는 거 같습니다.

대구 곳곳을 다니다 보면 독립운동가분들의 독립을 위한 흔적이 남아있습니다. 실제로 대구는 독립운동의 성지였을 만큼 독립운동이 활발했던 곳이라고 알려져 있습니다. 국채보상운동의 중심지도 대구였고요. 일제강점기는 아픈 역사를 대구시민, 특히 학생들이 잊어가고 있다는 점이 안타까웠어요. 사실 저는 일제강점기에 대한 내용을 접하면 피가 끓고 가슴이 벅차오르는 경험을 하지는 않습니다. 태어난 곳과 살아가는 가정환경이 독자 여러분 다수와는 다르니까요. 하지만 여러분은 한반도의 독립을 위해서 힘쓰신 분들이 친척으로 계시고 조상으로 남아계시니까 역사를 받아들이는 데 있어 저와 다른 경험을 하실 거라고 생각합니다(실제로 함께 학교에 다니는 친구들의 사례로 미루어 봤을 때도 그랬습니다). 그래서 여러분들의 특별한 감정을 자극하여 일제에 대한 저항의 역사를, 특히 대구 지역에서 태어나 항일에 대한 의지를 보이신 분들에 대해 쉽게 전달하기 위해서 이 글을 썼습니다.

글을 쓰는 과정이 쉽지는 않았습니다. 동생에게 설명하는 것처럼 쉽게 글을 써야 하면서도 역사적 내용은 정확해야 하니 제가 공부하고 알고 있는 내용을 쓰면서도 주변 선생님께 이 내용이 맞는지 여쭤보는 작업을 계속 거쳤습니다. 그리고 예상 독자층을 고려해서 전달 내용의 깊이를 조절하는 일도 여간 어려운 일이 아니었습니다. 책에 담고 싶은 건 많고 역사를 알려야겠다는 사명감에 빠져 글을 쓰다가도 몇 번의 수정과정을 거쳐야 했습니다. 하지만 결과물이 나왔을 때의 그 희열과 뿌듯함은 말로 설명할 방법이 없었습니다.

저는 여러분들이 조금 더 한국의 독립을 위해 노력해주신 분들에 대해 관심을 가져주셨으면 좋겠다고 생각합니다. 우리가 이렇게 잘 살 수 있는 것도 그분들의 노력 덕분이 아닐까요? 이런 부분에 대해서 감사하며 살고 그들의 노력을 잊지 않고 살아가는 것만으로도 관심을 가지는 거라고 할 수 있습니다. '역사를 잊은 민족에게 미래는 없다'고 했으니까요.

3.1운동

1919년 3월 1일을 기해 일어난 거족적인 독립 만세운동. 세계의 이목을 집중시켜 한국민에 대한 인식을 새롭게 하였고, 중국 상하이에서의 대한민국 임시정부 수립으로 이어졌으며, 일제의 무단통치 방법을 이른바 문화통치로 바꾸게 하였다.

6.10만세운동

1926년 6월 10일 순종의 장례일을 기해 만세 시위로 일어난 학생 중심의 민족독립운동. 당시 침체하였던 민족운동에 새로운 활기를 불어넣었다.

계성학교

1906년 대구에 설립되었던 중등 교육기관. 1906년 10월 15일 미국인 장로교 선교사 애덤스(James E. Adams) 박사가 대구광역시 중구 남성로의 선교사 자택을 임시교사로 정하여 창설하였다.

금강경

우리나라에서 가장 널리 유통되고 신봉되었던 대표적인 불교 경전. 삼국시대의 불교유입 초기에 전래하였다.

님의 침묵

1926년 간행된 한용운(韓龍雲)의 시집. 88편의 시가 기승전결의 극적 구성을 취한 연작시 형태로 배열되어 있다.

단발령

1895년(고종 32) 11월 김홍집(金弘集) 내각이 성년 남자의 상투를 자르도록 내린 명령. 을미사변과 더불어 반일 감정을 격화시킨 결정적 기폭제가 되어, 전국 각지에서 을미의병이 일어나게 되었다.

대한광복회

1915년 7월 대구에서 결성된 독립운동단체. 독립을 목적으로 무장투쟁을 전개해 독립을 달성하려 했다.

동로군 항공대

최용덕(崔用德)이 설립한 국민혁명군의 항공대.

민족대표 33인

천도교 측 15인, 기독교 측 16인, 불교 측 2인 등 33인으로 구성되었으며,

1919년 3월 1일 한국의 독립을 선포하였다.

서대문형무소
대한제국기에 통감부가 반일세력을 탄압·수용할 목적으로 서울 서대문구 현저동에 설치한 감옥. 일제강점기에 수많은 독립운동가가 수감되었다.

송죽회
1913년경 평양에서 조직되었던 여성 독립운동단체. 독립군의 자금 지원, 망명지사의 가족 돕기, 독립을 위한 회원들의 실력 양성을 목적으로 하였다.

의열단
1919년 11월 만주에서 조직되었던 독립운동단체. 과격하고 급진적인 폭력 투쟁을 목적으로 하였다.

장대현교회
1893년 모펫(Moffett, S. A.)이 평양에 선교 사업을 위해 정착하면서 한석진을 조사(助師)로 삼아 널다리에 세웠던 회당.

조선어연구회

1921년 12월 3일 임경재(任璟宰), 최두선(崔斗善), 이승규(李昇圭) 등이 활동이 중단된 한글모(조선어학회와 모체가 같음)의 이름을 고쳐 재건한 국어연구 및 국어 운동단체.

조선어학회

1908년 우리 말글의 연구와 통일 및 발전을 목적으로 창립된 우리나라 최초의 학술단체. 우리 말글의 수호와 연구, 그리고 보급을 통해 민족의식을 고취하고자 활발히 활동하였다.

치안유지법

1925년 천황제나 사유재산제를 부정하는 운동을 단속하는 것을 목적으로 제정된 일본의 법률. 국체의 변혁 또는 사유재산제도의 부인을 목적으로 하는 결사의 조직 및 가입 그리고 목적 수행을 위한 행위자를 처벌하였다.

태극단

1943년 4월 당시 대구상업학교에 재학 중이던 이상호(李相虎)·김상길(金相吉)·서상교(徐尙敎) 등이 조직한 항일학생결사.

한국애국부인회

1945년 8월 17일 좌우 연합체 건국부녀동맹에서 탈퇴한 우익여성 운동가들이 같은 해 9월 10일 결성한 단체.

[출처 : 한국민족문화대백과사전, 공훈전자사료관]

O/X 퀴즈 정답

25p. 권기옥_한국 최초의 여성 비행사
1. (O) / 2. (O) / 3. (X)

44p. 이육사_강인함을 가지고 있던 시인
1. (O) / 2. (X) / 3. (O)

34p. 이인_대한민국의 초대 법무부 장관
1. (X) / 2. (X) / 3. (X)

60p. 이상정 · 이상화_자랑스러운 형제
이상정 퀴즈 1. (O) / 2. (X) / 3. (O)
이상화 퀴즈 1. (O) / 2. (X) / 3. (X)

너에게 들려주고픈 이야기

발행일 2023년 2월 20일

지은이 심인고 Piece Maker

배예현, 신기성, 유성주, 디마

그린이 석도현

엮은이 최선희, 박수경

펴낸곳 매일신문사

대구광역시 중구 서성로 20

053-251-1420~2

값 13,000원

ISBN 979-11-90740-27-2